Einzug in Jerusalem

Die ersten Sonnenstrahlen berührten die Bergspitzen und tauchten die Stadt in ein weiches Licht. Doch trotz der frühen Stunde waren die Menschen in Jerusalem schon längst auf den Beinen. Heute war nämlich ein besonderer Tag: Das Passahfest wurde gefeiert.

Aber noch viel aufregender war ein Gerücht, das in der Stadt umherging: „Jesus von Nazareth wird nach Jerusalem kommen!"

Esther wusste stets am besten Bescheid in der Stadt. Die alte Dame verbrachte viel Zeit auf der kleinen Holzbank vor ihrem Haus und wechselte mit jedem, der vorbeiging, ein freundliches Wort. Im Gegenzug blieben die Leute gerne bei ihr stehen und berichteten, was sie Neues erfahren hatten.

Esther hatte gehört, dass Jesus, der durch das Land zog und von Gott erzählte, nach Jerusalem kommen sollte. Ein Handelsreisender, der seine Waren auf dem Marktplatz anbot, hatte ihr davon berichtet. Selbstverständlich hatte Esther allen davon erzählt. Und jetzt wartete sie neugierig darauf, ob die Worte des Mannes der Wahrheit entsprachen und Jesus tatsächlich mit seinen zwölf Jüngern in die Stadt kommen würde.

Eine Gruppe Kinder hatte sich um Oma Esther, wie alle Kinder die alte Dame nannten, versammelt.

„Erzählst du uns eine Geschichte von Jesus?", bat die kleine Miriam und blickte Esther hoffnungsvoll an.

Die alte Dame tippte auf die Bank neben sich und als Miriam sich dort niedergelassen hatte, winkte Esther auch Miriams Freunde heran, die sich im Schneidersitz vor ihr auf den Boden setzten.

„Was möchtet ihr denn hören?", fragte sie. „Wie Jesus mit fünf Broten und zwei Fischen 5000 Menschen satt machte? Oder vielleicht, wie er einen Lahmen wieder gehen und einen Blinden wieder sehen lassen konnte?"

Miriam presste den Zeigefinger an die Lippe und kniff die Augen konzentriert zusammen. „Beides", sagte sie schließlich entschlossen.

noch 11 Tage bis Ostern

Esther lachte und Hunderte von kleinen Fältchen gruben sich tief in ihr Gesicht und ließen es erstrahlen. „Na, dann hört mal zu …"

Aufmerksam hatten die Kinder Esthers Erzählungen gelauscht. Gerade wollten sie um eine weitere Geschichte bitten, als sie laute Rufe hörten.

„Dort hinten! Seht ihr das?", rief eine helle Frauenstimme. „Ich glaube, er kommt!"

Aufgeregt sprangen die Kinder auf und liefen in Richtung des großen Stadttors. Einzig Miriam drehte sich noch einmal um und winkte Esther grinsend zu.

Die alte Dame erhob sich mühsam und folgte Miriam und ihren Freunden, jedoch viel langsamer.

„Eile mit Weile", murmelte Esther. Schon von Weitem konnte sie die vielen Menschen sehen, die sich am Eingang der Stadt versammelt hatten, um einen Blick auf Jesus zu erhaschen und ihn zu begrüßen.

Frauen hatten Palmzweige in der Hand, mit denen sie winkten, und einige Männer begannen Mäntel, Tücher und Palmwedel auf den Weg zu legen, damit Jesus nicht über den Staub reiten musste.

Nun war Esther ebenfalls neugierig und drängte sich durch die Menge, bis auch sie etwas erkennen konnte: Ein Mann kam auf einem Esel in die Stadt geritten. Er trug ein einfaches weißes Gewand, seine Haare waren vom Wind zerzaust und ein Vollbart schmückte sein Gesicht. Zwölf Männer folgten ihm zu Fuß – seine Jünger.

„Er ist es!", riefen die Leute. „Gelobt sei Jesus – Gottes Sohn. Unser neuer König."

Als Jesus an ihr vorbeiritt, schaute er Esther direkt in die Augen. Seine braunen Augen waren gütig und sein Blick freundlich, und die alte Dame spürte, wie die Schmerzen in ihrem Rücken für einen Moment verstummten. Sie fühlte sich leicht und glücklich.

„Hosianna", jubelten die Frauen, Männer und Kinder Jesus zu. Und Esther stimmte jubilierend mit ein: „Hosianna, gelobt sei Jesus Christus!"

Jesus und die Kinder

Neugierig drängte sich Miriam durch die Menschenmenge und versuchte, einen Blick auf Jesus zu erhaschen. Das kleine Mädchen hatte jetzt schon so viele Geschichten von ihm gehört und war neugierig, wie der Mann wohl aussah, der so viele Wunder vollbracht hatte. Ob er wohl auch hier in Jerusalem Kranke heilen würde?

Entschlossen drückte sie gegen Beine und Hüften, um nach vorne zur Straße zu gelangen. Aber die Erwachsenen standen so dicht nebeneinander, dass Miriam einfach nicht durchkam.

Doch dann, als sie schon fast aufgeben wollte, wurde Miriam gepackt und hochgehoben. „Komm, ich helfe dir." Ihr großer Bruder Benjamin grinste sie an und setzte Miriam auf seine Schultern.

Miriam kicherte und klatschte fröhlich in die Hände. Von hier oben hatte sie den besten Blick von allen.

Mit großen Augen verfolgte das kleine Mädchen das Geschehen, aber viel zu schnell war Jesus auf dem Esel vorbeigeritten und Miriam blickte ihm enttäuscht hinterher. War das etwa schon alles gewesen?

Gleich nach dem Mittagessen lief Miriam aus dem kleinen Haus, in dem ihre Familie wohnte, um sich mit ihren Freunden am Stadttor zu treffen. Gemeinsam wollten sie nach Jesus suchen. Miriam hatte so viele Fragen: War Jesus wirklich der Sohn Gottes? Wie hatte er es geschafft, dass der Blinde wieder sehen konnte? Aber am meisten Fragen hatte Miriam über Gott.

„Ich weiß, wo wir Jesus finden können", wurde Miriam von ihrem Freund David begrüßt, der zusammen mit den anderen Kindern am verabredeten Ort wartete. „Mein Vater hat sich mit meinem Onkel unterhalten, der Jesus in der Nähe des Ölbergs gesehen hat."

„Prima", freute sich Miriam, „dann lasst uns da hinlaufen."

Auf ihrem Weg begegneten den Kindern viele Menschen, die in Gruppen zusammenstanden und sich unterhielten. Und alle schienen über Jesus zu sprechen.

noch 10 Tage bis Ostern

Am Fuße des Ölbergs wuchsen große Oliven- und Feigenbäume, die in der Mittagshitze Schatten spendeten. Miriam sah einige Männer unter einem der Bäume liegen und dösen. Ein Stück weiter weg entdeckte das kleine Mädchen einen weiteren Mann, der alleine an einen Stamm gestützt saß und die Hände gefaltet hatte. Sein Kopf war gesenkt und seine Lippen bewegten sich lautlos. Er trug ein helles Gewand und ein rotes Tuch, das über eine Schulter gebunden war.

„Jesus", rief Miriam, als sie die Kleidung wiedererkannte. Ihr Herz klopfte vor Aufregung und sie begann schneller zu laufen. Doch plötzlich stand ein großer Mann vor ihr und streckte die Hand aus.

„Halt", rief der Mann und Miriam erkannte, dass er einer von Jesu Freunden war. „Jesus ist müde und muss sich ausruhen."

Miriams Unterlippe begann zu zittern. „Aber ich möchte Jesus doch kennenlernen", sagte sie traurig.

„Wir auch", riefen die anderen Kinder hinter ihr.

Da trat ein Mann mit roten Haaren neben den großen Mann. „Jesus hat jetzt keine Zeit für euch. Geht nach Hause", sagte er.

Traurig ließen die Kinder die Köpfe hängen und wollten sich gerade zum Gehen wenden, als eine sanfte Stimme erklang: „Lasst die Kinder zu mir kommen!"

Überrascht hob Miriam den Kopf und sah, dass Jesus zu ihnen gelaufen war und sie nun einladend anlächelte.

„Gott liebt Kinder besonders", sagte er zu seinen Jüngern, die ihn verwundert anschauten. „Und nur wer das Reich Gottes so annimmt, wie die Kinder es tun, wird dort hineinkommen."

Miriam verstand zwar nicht, was Jesus damit sagen wollte, aber als er ihr die Hand auf den Kopf legte und sie segnete, spürte sie ein warmes Gefühl in ihrem Inneren. Sie fühlte sich sicher und geborgen und fragte sich, ob dieses Gefühl vielleicht Gott war.

Anschließend segnete Jesus auch David und die anderen Kinder. Und als sie es sich mit ihm im Schatten des Olivenbaums gemütlich gemacht hatten, erzählte er ihnen viele Geschichte von Gott.

Jesus im Tempel

Die Sonne stand bereits tief am Himmel und trotzdem herrschte noch reges Treiben am Tempel. Ziegen meckerten, Schafe blökten, Hühner gackerten und Verkäufer riefen lautstark ihre Waren aus. Menschen drängten sich an den verschiedenen Ständen. Hier gab es alles zu kaufen, Töpfe und Tücher, Essen und Werkzeuge und vieles mehr.

Andere Händler verkauften die lärmenden Tiere, die die Menschen dann den Priestern gaben, damit diese sie in ihrem Namen opfern konnten. In das Innere des Tempels durften die Menschen nämlich nicht gehen. Das durften alleine die Priester.

Der Geldwechsler Simon hatte am Tempel ebenfalls einen Stand. Die Leute konnten ihr Geld schließlich nicht einfach so in den Opferstock werfen, sondern mussten es in Tempelmünzen umtauschen. Dafür nahm Simon eine Gebühr und verdiente so seinen Lebensunterhalt.

„Freunde, ich möchte eine Weile beten", hörte Simon eine Stimme und erblickte einen Mann, der von zwölf weiteren Männern begleitet wurde.

Das war Jesus, wusste Simon. Er hatte ihn am Morgen gesehen, als er auf einem Esel in die Stadt geritten war.

Neugierig beobachtete Simon Jesus und sah, wie dieser stehen blieb und sich das Gedränge anschaute. Seine Augen verengten sich und seine Augenbrauen zogen sich wütend zusammen.

„Was hat er denn?", fragte sich Simon leise und blickte sich ebenfalls auf dem Vorplatz des Tempels um. Aber er konnte nicht erkennen, was Jesus wütend machte. Alles war so wie immer. Außerdem waren viele Menschen hier, um etwas zu kaufen und um den Priestern Almosen und Opfergaben zu bringen. Das war doch etwas Gutes – und zugleich gut fürs Geschäft, dachte Simon.

Doch plötzlich entfuhr Jesus ein wütender Schrei. Er lief zu einem Stand, an dem Tauben verkauft wurden, und stieß den Tisch um. Dann kam Jesus auf Simon und seinen Stand zu.

noch 9 Tage bis Ostern

„Gottes Haus soll ein Bethaus sein – so steht es geschrieben", tobte Jesus lautstark. „Ihr macht daraus aber eine Räuberhöhle. Wie soll man bei diesem Lärm denn Gott nahe sein und zu ihm beten?"

Mit einem schnellen Griff riss Jesus Simons Tisch um. Tempelmünzen fielen zu Boden und Geldstücke rollten durch den Staub.

Fassungslos sah Simon zu, wie Jesus weitere Tische umwarf und Töpfe, Krüge und Geschirr zerbrachen.

„Raus mit euch", rief Jesus. „Hier ist ein Tempel und kein Basar."

Simon sah, wie Jesus Händler und Käufer vertrieb. So schnell er konnte, sammelte er sein Geld ein, dann folgte er den anderen.

Vor den Mauern zum Tempel hatten sich Menschengruppen gebildet. Simons Freund Benjamin stand an eine Mauer gelehnt und schüttelte den Kopf. „Dieser Jesus verdirbt uns das Geschäft", beklagte er sich. Er hielt einige Stricke in der Hand, an die Ziegen angebunden waren. Die Tiere interessierten sich nur wenig für das Geschrei und die Aufregung der Menschen. Sie hatten ein Stück Gras gefunden und begannen in aller Seelenruhe an den Stängeln zu rupfen.

„Jemand sollte die Soldaten holen, damit er verhaftet wird", stimmte ihm ein anderer Händler zu.

Simon nickte, aber tief in seinem Inneren fragte er sich, ob Jesus nicht recht hatte mit seinen Aussagen. Still und ruhig war es beim Tempel wirklich nicht.

Einer Sache war sich Simon jedoch sicher: Jesus hatte sich heute bei den Priestern keine Freunde gemacht.

Die Priester von Jerusalem

„Habt ihr gehört, was im Tempel geschehen ist?", fragte der Hohepriester Kaiphas die anderen Priester, als sie sich nach Jesu Einzug versammelt hatten. „Und wie die Menschen ihn nennen? Sie sagen, er sei der Messias, derjenige, der gekommen sei, um sie zu befreien. Sie nennen ihn einen König." Der mächtige Mann schritt wütend auf und ab und seine Stimme wurde lauter, während er sprach.

„Ich habe sogar gehört, dass sie ihn den Sohn Gottes nennen!", rief ein älterer Priester mit schütterem weißem Haar empört.

„Das ist eine Lüge und Gotteslästerung", schimpfte der Priester Hanin.

Kaiphas schüttelte den Kopf. „Wir dürfen nicht zulassen, dass die Menschen ihn so nennen. Wenn sie seinen Worten Glauben schenken, dann hören sie nicht mehr auf uns und wir verlieren an Macht."

Der Hohepriester blickte aus dem Fenster und betrachtete die Menschen. Einige hielten noch immer Palmzweige in der Hand, mit denen sie Jesus zugewinkt hatten. „Wir müssen auf jeden Fall vorsichtig und vor allem heimlich vorgehen. Wir dürfen nicht riskieren, dass sich das Volk gegen uns wendet und auf Jesu Seite schlägt."

Die Männer setzten sich zusammen und berieten miteinander, was sie unternehmen konnten. Schließlich einigten sie sich darauf, Jesus mithilfe der römischen Soldaten gefangen zu nehmen. Die Soldaten waren in Jerusalem stationiert, um den Statthalter Pontius Pilatus zu beschützen und dafür zu sorgen, dass sich alle an die Gesetze des römischen Kaisers hielten.

Josephus, der noch nicht lange das Amt des Priesters innehatte, blickte sich verunsichert um, als er von den Plänen der Männer hörte. „Und was, wenn er die Wahrheit sagt?", fragte er laut. „Wenn er wirklich der Sohn Gottes ist, begehen wir dann nicht eine große Sünde, wenn wir ihn festnehmen lassen?"

Erstaunt blickten ihn die älteren Männer an. Hanin legte Josephus beruhigend eine Hand auf die Schulter. „Du musst dir keine Sorgen machen, Josephus. Wenn dieser Jesus wirklich als Messias von Gott geschickt worden wäre, dann wüssten wir das. Wir haben schließlich die heiligen Schriften studiert."

noch 8 Tage bis Ostern

Josephus nickte, aber in seinem Herzen fühlte er weiterhin eine tiefe Verunsicherung und er hoffte sehr, dass die älteren Priester recht hatten.

Kaiphas setzte sich in einen Sessel und ließ sich von einem Diener Obst und Käse bringen.

Gedankenverloren steckte er sich eine Feige in den Mund. „Hat einer von euch diesen Jesus genau gesehen? Wie können wir ihn den Soldaten so beschreiben, dass sie ihn erkennen und nicht den Falschen verhaften?"

„Er ist mittelgroß und er hat einen Bart", sagte Josephus vorsichtig. Er wollte nicht das Falsche tun, aber zugleich konnte er dem Hohepriester auch nichts verschweigen. „Er trug ein helles Gewand", fügte er noch hinzu.

Der Hohepriester Kaiphas schüttelte den Kopf. „Das genügt nicht. Viele Männer sehen so aus. Nein, wir dürfen keinen Fehler machen."

Einige Stunden später kam Hanin in den Saal gelaufen. Ein Mann folgte ihm.

„Wer seid Ihr?", wollte Kaiphas von dem Mann wissen.

„Mein Name ist Judas Iskariot", antwortete der Mann. „Ich bin einer der Jünger Jesu."

„Und was tust du hier?", fragte der Hohepriester.

Hanin nickte dem Mann aufmunternd zu.

„Ich habe gehört, dass ihr Jesus sucht. Ich kann euch zu ihm führen und euch ein Zeichen geben, damit ihr wisst, welcher der Männer er ist."

Misstrauisch schaute der Hohepriester den Mann an.

Auch der junge Josephus konnte nicht verstehen, warum dieser Judas zu ihnen gekommen war. Er hatte gehört, dass die Jünger Jesus schon lange folgten und ihm glaubten und vertrauten. Warum sollte Judas ihn also verraten?

„Was gebt ihr mir dafür, dass ich den Soldaten zeige, wer Jesus ist?", fragte Judas.

Die Priester berieten sich kurz und dann versprachen sie Judas 30 Silberlinge für seinen Verrat.

Josephus blickte Judas noch lange nach, nachdem dieser gegangen war, und sein Herz fühlte sich schwer an.

Das letzte Abendmahl

Aram konnte es kaum glauben, Jesus von Nazareth war in seinem Haus, um dort gemeinsam mit seinen Jüngern das Abendmahl zu feiern. Das war eine große Ehre für Aram, der sein Haus freudig zur Verfügung gestellt hatte. Seine Frau Elisa hatte den guten Wein hervorgeholt und das ungesäuerte Brot, das sie zum Passahfest gebacken hatte. Platten mit frischem Obst, Ziegenkäse und Lammfleisch waren auf dem großen Tisch ausgebreitet und Jesus saß zusammen mit seinen zwölf Jüngern auf Kissen auf dem Boden.

Die Männer aßen und tranken und unterhielten sich. Aram blieb in der Nähe, falls sie etwas brauchten, und konnte dadurch ihre Gespräche mitanhören. Halb dösend saß er vor der Tür, als er etwas vernahm, das ihn aufschrecken ließ.

„Einer von euch, der hier mit mir zusammensitzt, wird mich an meine Feinde verraten", sagte Jesus zu seinen Freunden. Seine Stimme klang nicht vorwurfsvoll oder wütend, was Aram überraschte, sondern ruhig, wenn auch ein wenig traurig.

Neugierig schaute Aram am Türrahmen vorbei in den Raum.

„Was? Verraten? Ich bestimmt nicht", rief einer der Jünger.

Ein anderer rief ängstlich: „Werde ich es sein?"

Aber Jesus antwortete ihnen nicht.

Da sagte Petrus laut: „Bin ich es? Ich will dir überallhin folgen, Jesus!"

Jesus blickte Petrus mit einem traurigen Lächeln an. „Auch du, mein Freund, wirst nicht auf meiner Seite stehen. Dreimal wirst du leugnen, mich zu kennen, noch ehe der Hahn am Morgen kräht."

Erschrocken sah Petrus ihn an. „Niemals", sagte er. „Eher sterbe ich."

Jesus schüttelte nur den Kopf und wandte sich dann wieder den Jüngern zu. „Freunde, ich werde nicht mehr lange hier bei euch sein. Aber immer, wenn ihr zusammensitzt und gemeinsam das Brot brecht und Wein trinkt, möchte ich, dass ihr an mich denkt. Und dann werde ich mit euch sein." Jesus nahm das Passahbrot, riss ein Stück ab und gab es Petrus. Dann riss er das nächste Stück ab und das nächste, bis alle Jünger etwas von dem Brot bekommen hatten.

noch 7 Tage bis Ostern

Die Stimmung im Zimmer war nun viel leiser und nicht mehr fröhlich wie zuvor. Aram spürte, wie sich eine Last auf seine Schultern legte bei dem Gedanken daran, dass Jesus etwas zustoßen könnte.

„Nach dem Essen möchte ich beten", sagte Jesus nun. „Ich möchte zu Gott, meinem Vater, sprechen, damit er mir Kraft und Mut schenkt für das, was auf mich zukommen wird. Weiß einer von euch, wo ich einen ruhigen Ort in Jerusalem finden kann, an dem ich meinem Vater nahe bin?", fragte er die Jünger.

Immer noch betreten schüttelten Jesu Freunde die Köpfe. Nicht einer von ihnen war zuvor in der Stadt gewesen.

Da räusperte sich Aram leise und betrat den Raum. „Ich bitte um Entschuldigung, Herr, aber ich habe euer Gespräch mitangehört. Nicht weit von hier findet ihr einen Garten – den Garten Gethsemane. Dort ist es ruhig und man hat einen wundervollen Blick auf die Sterne. Es duftet nach Lavendel und man hört die Grillen zirpen – es ist ein Ort, an dem man sehr gut zur Ruhe kommen kann und Gott bestimmt sehr nahe ist."

Dankbar lächelte Jesus ihn an und Aram spürte, wie sich das Gewicht von seinen Schultern löste und er sich wieder frei und unbeschwert fühlte.

„Vielen Dank, mein Freund. Du bist uns ein guter Gastgeber", sagte Jesus. Er stand auf und trat auf Aram zu. Jesus umfasste Arams Unterarm in einer freundschaftlichen Geste, dann hob er die Hand und segnete ihn.

Im Garten Gethsemane

Der laute Ruf einer Eule schreckte Johannes auf. Er war in Gedanken versunken hinter seinen Freunden den Weg hinaufgelaufen, der sie zum Garten Gethsemane führte. Jesu Worte, die er beim Abendmahl gesprochen hatte, gingen Johannes weiterhin durch den Kopf. Einer von ihnen würde Jesus verraten – so hatte er es gesagt. Johannes hoffte, dass nicht er es sein würde. Er liebte Jesus und folgte ihm bereits seit Jahren durch das Land. Außerdem hatte er ihn schon viele Wunder vollbringen sehen. Dennoch hatte Johannes Furcht davor, was als Nächstes geschehen würde. Würde er mutig sein und Jesus beschützen können? Oder ängstlich davonlaufen? Johannes wusste es wirklich nicht.

Als sie im Garten angekommen waren, bat Jesus seine Freunde, ein Stück abseits zu warten und dort zu beten. Zu Petrus, Johannes und Jakobus sagte er: „Kommt mit und haltet Wache."

Dann ging Jesus ein Stück weiter und kniete sich in das Gras. Er faltete die Hände und blickte in den Himmel. Johannes konnte ihn leise sprechen hören: „Vater, wenn es möglich ist, dann bitte ich dich, lass mir nichts zustoßen. Aber wenn es dein Wille ist, so soll es geschehen."

Ein Schauer lief Johannes den Rücken herab und er schloss die Augen und betete selbst. Die Grillen zirpten leise und eine Nachtigall sang ihr Lied. Johannes wurde immer müder und müder und bemerkte nicht, wie ihm die Augen zufielen.

„Freunde, ich hatte euch doch gebeten, wach zu bleiben", wurde er plötzlich von Jesu Stimme geweckt. „Ist es denn zu viel verlangt, dass ihr eine Stunde wach bleibt, während ich bete?"

Johannes schämte sich, als er die Worte hörte. Er wollte sich gerade bei Jesus entschuldigen, als sie das rhythmische Trampeln von Stiefeln hörten und flackernde Fackeln sich ihnen näherten. Ein Trupp römischer Soldaten kam in den Garten gelaufen.

Auch die anderen Jünger waren aufgewacht und liefen zu Jesus.

„Was sollen wir tun, Herr?", fragten sie.

noch 6 Tage bis Ostern

Da trat Judas vor Jesus und gab ihm einen Kuss auf die Stirn – das verabredete Zeichen. Nun wussten die Soldaten, wer von den Männern Jesus war, und sie zogen ihre Schwerter.

Auch Petrus zog sein Schwert und stellte sich schützend vor Jesus. Mit einem Hieb schlug er auf einen der Männer ein und traf ihn am Ohr.

Erschrocken über das, was passiert war, zuckte Johannes zusammen.

Da legte Jesus Petrus die Hand auf den Schwertarm und drückte die Waffe nach unten. „Stecke dein Schwert ein, mein Freund. Wer mit dem Schwert auf andere einschlägt, der wird auch durch das Schwert sterben. Was jetzt passiert, ist Gottes Wille. Sonst hätte er mir eine Legion von Engeln geschickt, um mich zu retten."

Petrus ließ die Waffe sinken und trat zurück. Er zitterte am ganzen Körper und das Schwert fiel ihm aus der Hand und landete mit einem dumpfen Geräusch im Gras.

Die römischen Soldaten gingen nun mit gezückten Speeren auf Jesus und die Jünger zu. Angsterfüllt blieb Johannes einen kurzen Moment stehen, dann schienen ihn seine Füße wie von selbst wegzuführen. Erst stolpernd, dann immer schneller lief er in den Garten hinein und versteckte sich hinter den hohen Bäumen. Sein Herz pochte lautstark und aus seinem Versteck heraus konnte er sehen, wie die Soldaten Jesus packten und ihm eine eiserne Fessel um die Hände legten.

Jesus wehrte sich nicht. Stattdessen hob er vorsichtig die Hände und legte sie auf die Wunde des Mannes, den Petrus verletzt hatte, und heilte sie.

Hinter den Soldaten konnte Johannes noch weitere Männer ausmachen – Priester, die das Geschehen genau beobachteten. Zufrieden sahen sie, wie Jesus verhaftet wurde. Und noch während sein Freund abgeführt wurde, sah Johannes, wie Judas sich mit gesenktem Kopf aus dem Garten schlich. Er konnte es immer noch nicht fassen: Judas hatte Jesus verraten!

Der Hahn kräht dreimal

Die Jünger waren weggelaufen, nachdem Jesus im Garten Gethsemane verhaftet worden war. Auch Petrus hatte es mit der Angst bekommen. Er hatte befürchtet, ebenfalls verhaftet zu werden.

Judas war verschwunden, nachdem er Jesus verraten hatte, und das war auch besser so. Petrus verspürte eine große Wut auf ihn, auch wenn er wusste, dass Jesus diese Gedanken nicht gutheißen würde. Aber wie hatte Judas Jesus nur verraten können? Nach allem, was die zwölf Jünger zusammen mit ihm erlebt hatten. Allem, was sie von Jesus über Gott erfahren hatten. All die Wunder, die sie Jesus hatten vollbringen sehen …

Die Gedanken rasten durch Petrus' Kopf. Was sollte er jetzt nur tun? Jerusalem verlassen? Oder sollte er vielleicht die anderen Jünger suchen?

Nein, es gab nur eines, was er tun konnte. Er würde herausfinden, wohin sie Jesus gebracht hatten. Vielleicht konnte er ihm ja doch noch helfen.

Mit noch immer wackeligen Knien verließ Petrus den Garten und ging den Hügel des Ölbergs hinab, der in die Stadt führte.

Nicht nur Soldaten waren in den Garten gekommen, um Jesus zu verhaften, auch andere Männer waren Petrus aufgefallen. Anhand ihrer Kleidung hatte er sie erkannt, und so machte er sich auf den Weg zum Haus des Hohepriesters.

Trotz der späten Stunde waren noch Menschen auf den Straßen unterwegs. Und immer wieder musste sich Petrus vor Soldaten verstecken, die Wache hielten und Kontrollgänge unternahmen. Petrus wollte nicht riskieren, dass sie ihn wiedererkannten.

Der Jünger nutzte die Dunkelheit und die vielen Schatten aus und schlich von Mauer zu Mauer, bis er am Haus des Hohepriesters angekommen war. Im Innenhof konnte er ein großes Feuer erkennen, um das zahlreiche Soldaten standen. Die Männer unterhielten sich miteinander und es gelang Petrus, so nahe heranzuschleichen, dass er sie verstehen konnte.

„Was wird wohl mit diesem Jesus geschehen?", fragte einer der Männer.

noch 5 Tage bis Ostern

„Hast du gesehen, wie er das Ohr von Malchus geheilt hat?", fragte ein anderer.

„Vielleicht stimmt es ja, was die Leute über ihn erzählen", meinte ein Dritter.

„Psst", machten seine Freunde sofort. „So etwas darfst du nicht sagen. Dieser Jesus ist kein König. Wenn der Kaiser hören würde, was du sagst …"

Sofort verstummte der dritte Mann erschrocken.

Petrus hatte genug gehört. Die Männer hatten Jesus verhaftet und ihn hierhergebracht.

„Bist du nicht einer von denen, die mit Jesus durch das Land ziehen?" Erschrocken zuckte Petrus zusammen und drehte sich zu einer Magd um, die mit einem Wasserkrug neben ihm stand.

„Nein, ich kenne Jesus nicht", stammelte Petrus.

Die Frau schaute ihn zweifelnd an, ging dann aber weiter.

Petrus ging in den Innenhof und einer der Soldaten sagte: „Moment, bist du nicht auch einer der Jünger Jesu?"

„Ich weiß nicht, wovon du redest. Ich kenne Jesus nicht", sagte Petrus ruhig, aber innerlich zitterte er vor Angst.

Der Jünger lief schnell weiter, als er von einem anderen Mann angesprochen wurde. „Du bist doch auch ein Anhänger von Jesus", meinte dieser.

Petrus schüttelte heftig den Kopf. „Da irrst du dich, guter Mann. Ich kenne Jesus nicht."

Kaum hatte Petrus diese Worte gesprochen, ließ ihn ein lautes Geräusch zusammenzucken: das Krähen eines Hahns.

Bittere Tränen liefen Petrus über die Wangen, als er sich an Jesu Worte erinnerte: „Dreimal wirst du leugnen, mich zu kennen, noch ehe der Hahn am Morgen kräht."

„Es tut mir so leid", flüsterte Petrus leise und verschwand, bevor die ersten Sonnenstrahlen die Stadt in helles Licht tauchten.

Jesu Verurteilung

Am nächsten Morgen bereits zur frühen Stunde hatten sich die Priester Jerusalems gemeinsam mit den Schriftgelehrten zum Hohen Rat versammelt, um den gefangen genommenen Jesus zu befragen. Sie verspotteten ihn und machten sich über ihn lustig.

Der junge Priester Josephus fühlte sich jedoch nicht wohl dabei, wie die anderen Priester, vor allem Kaiphas, mit Jesus sprachen. Aber er traute sich nicht, etwas zu sagen.

Auch Jesus blieb still und antwortete nicht auf die Fragen der Männer.

Einer nach dem anderen trat vor, um Jesus zu beschuldigen.

„Er erzählt den Menschen Lügen über Gott", sagten einige.

„Ich habe gehört, dass er den Tempel Gottes abreißen will", meinte ein anderer. „Er behauptet, ihn dann in drei Tagen wieder aufbauen zu können."

Da trat der Hohepriester auf Jesus zu. „Möchtest du nicht auf die Dinge antworten, die dir vorgeworfen werden?"

Aber Jesus schwieg. Erst als Kaiphas ihn fragte: „Bist du Christus, der Sohn Gottes?", öffnete Jesus den Mund und sagte: „Du sagst es. Ich bin es."

Josephus ließ den Kopf hängen, als er diese Worte vernahm. Es war Gotteslästerung, was Jesus sagte, und Josephus wusste, dass es nun keine Gnade mehr für Jesus geben würde. Und wie er es befürchtet hatte, verurteilte der Hohe Rat Jesus zum Tode.

Wenig später wurde Jesus von den Priestern zum Haus von Pontius Pilatus gebracht. Er war der Statthalter des römischen Kaisers in Jerusalem und sorgte in dessen Namen für Recht und Ordnung in der Stadt.

Aufmerksam lauschte Pontius Pilatus den Worten der Priester.

„Er ist ein Gotteslästerer", erklärte der Hohepriester, „und hat daher den Tod verdient. Er bringt das Volk gegen uns auf und auch gegen den Kaiser."

noch 4 Tage bis Ostern

„Stimmt es, was die Priester über dich sagen, dass du behauptest, der Sohn Gottes zu sein?", fragte Pontius Pilatus. „Bist du der König der Juden?"

Jesus blickte ihn ruhig an und antwortete: „Du sagst es."

Josephus fühlte, wie ihm ein kalter Schauer den Rücken herunterlief. Zweimal hatte Jesus das zugegeben, weswegen er beschuldigt wurde.

„So sei es denn", sagte Pilatus. „Dann bleibt mir keine andere Möglichkeit, als dich zu verurteilen. Niemand außer dem Kaiser darf sich als König bezeichnen. Da wir jedoch das Passahfest feiern, werde ich morgen, wie jedes Jahr, einen Gefangenen begnadigen und freilassen. Ich werde dem Volk Jerusalems die Möglichkeit geben zu entscheiden, wer freigesprochen wird."

Diese Entscheidung gefiel Kaiphas nicht, das konnte Josephus deutlich erkennen. Doch der Hohepriester wagte es nicht, Pilatus zu widersprechen. Ein wenig Hoffnung keimte in Josephus auf, denn noch immer hatte der junge Priester Zweifel, ob Jesus nicht doch die Wahrheit sagte.

Kaum hatte der Hohe Rat das Haus des römischen Statthalters verlassen, begannen die Männer Pläne zu schmieden.

„Wir müssen dafür sorgen, dass die Menschen auf uns hören und nicht Jesus freilassen", beschloss Kaiphas und sandte seine Priester aus, um mit den Menschen zu sprechen.

Und als Pilatus das Volk Jerusalems zusammenrief, um es entscheiden zu lassen, wen er begnadigen sollte, hatte der Plan der Priester funktioniert: Die Menschen vor dem Palast entschieden sich dafür, den anderen Gefangenen, Barabbas, freizulassen.

Mit schwerem Herzen sah Josephus dabei zu, wie Jesus von den Soldaten abgeführt wurde, und er betete für ihn.

Jesu Tod am Kreuz

Traurig blickte Josef von Arimathäa, einer der Anhänger Jesu, zu Boden. Die Erinnerung, wie Jesus das schwere Kreuz von der Stadt auf den Hügel Golgatha hatte tragen müssen und wie ihn die Soldaten ans Kreuz geschlagen hatten, ließ ihn nicht los.

Dunkle, fast schon schwarze Wolken hatten sich nun am Himmel zusammengezogen, obwohl keinerlei Wind herrschte. Kein einziger Vogel sang mehr sein Lied, keine Biene summte, kein Schaf blökte. Es war erschreckend still und Josef bekam eine Gänsehaut. Die Erde begann heftig zu beben und verstummte dann ebenso plötzlich wieder. Josef hob den Kopf, den er automatisch gesenkt hatte, und rief dann laut: „Jesus ist tot. Er ist am Kreuz gestorben!"

Die Jünger hatten sich in einiger Entfernung vom Hügel Golgatha versammelt, auf dem Jesus gekreuzigt worden war. Neben ihnen standen einige Frauen, unter ihnen Jesu Mutter Maria sowie Maria Magdalena. Jeder und jedem Einzelnen von ihnen liefen Tränen die Wangen herab. Sie konnten einfach nicht glauben, dass es wahr sein sollte: dass Jesus wirklich tot war und nie wieder bei ihnen sein würde.

Noch am gleichen Abend nahm Josef von Arimathäa seinen gesamten Mut zusammen und machte sich auf den Weg zu Pontius Pilatus.

„Gib mir Jesus, damit wir ihn beerdigen können", bat er den römischen Statthalter.

Pontius Pilatus überlegte. „Warum sollte ich das tun?", fragte er.

„Weil es so in unseren heiligen Schriften geschrieben steht", erklärte Josef. Sein Herz klopfte heftig vor Furcht, dass Pilatus ihn als einen der Anhänger Jesu erkennen würde. Umso erleichterter war er, als Pilatus sein Einverständnis gab.

Josef dankte ihm und ging dann los, um ein helles Leinentuch zu kaufen, in das der Körper von Jesus eingewickelt werden sollte. Dann eilte er zum Hügel Golgatha und wartete darauf, dass die Römer ihm den Leichnam übergaben.

noch 3 Tage bis Ostern

Johannes überlegte. Bestimmt wünschten sich die Männer einfach so sehr, dass Jesus wieder lebte, dass sie es nun selbst glaubten.

Aber kurz darauf näherte sich den Männern ein Fremder. „Friede sei mit euch", begrüßte er die Jünger.

Da fiel es den Männern wie Schuppen von den Augen. „Kann es wirklich sein?", fragten sie aufgeregt. „Bist du es wirklich, Herr?"

Jesus nickte lächelnd. „Bald werde ich endgültig zu meinem Vater in den Himmel gehen. Aber ich bitte euch, zieht weiter durch das Land, erzählt den Menschen von Gott und tauft sie in seinem Namen." Jesus blickte ihnen nacheinander, einem nach dem anderen in die Augen und sagte: „Ich verspreche euch, ich werde bei euch sein bis ans Ende aller Tage."

Und Johannes wusste, dass Jesus die Wahrheit gesprochen hatte und er niemals mehr alleine sein würde.

Überglücklich umarmten die Jünger Jesus und dankten Gott.

Jesu Tod am Kreuz

Traurig blickte Josef von Arimathäa, einer der Anhänger Jesu, zu Boden. Die Erinnerung, wie Jesus das schwere Kreuz von der Stadt auf den Hügel Golgatha hatte tragen müssen und wie ihn die Soldaten ans Kreuz geschlagen hatten, ließ ihn nicht los.

Dunkle, fast schon schwarze Wolken hatten sich nun am Himmel zusammengezogen, obwohl keinerlei Wind herrschte. Kein einziger Vogel sang mehr sein Lied, keine Biene summte, kein Schaf blökte. Es war erschreckend still und Josef bekam eine Gänsehaut. Die Erde begann heftig zu beben und verstummte dann ebenso plötzlich wieder. Josef hob den Kopf, den er automatisch gesenkt hatte, und rief dann laut: „Jesus ist tot. Er ist am Kreuz gestorben!"

Die Jünger hatten sich in einiger Entfernung vom Hügel Golgatha versammelt, auf dem Jesus gekreuzigt worden war. Neben ihnen standen einige Frauen, unter ihnen Jesu Mutter Maria sowie Maria Magdalena. Jeder und jedem Einzelnen von ihnen liefen Tränen die Wangen herab. Sie konnten einfach nicht glauben, dass es wahr sein sollte: dass Jesus wirklich tot war und nie wieder bei ihnen sein würde.

Noch am gleichen Abend nahm Josef von Arimathäa seinen gesamten Mut zusammen und machte sich auf den Weg zu Pontius Pilatus.

„Gib mir Jesus, damit wir ihn beerdigen können", bat er den römischen Statthalter.

Pontius Pilatus überlegte. „Warum sollte ich das tun?", fragte er.

„Weil es so in unseren heiligen Schriften geschrieben steht", erklärte Josef. Sein Herz klopfte heftig vor Furcht, dass Pilatus ihn als einen der Anhänger Jesu erkennen würde. Umso erleichterter war er, als Pilatus sein Einverständnis gab.

Josef dankte ihm und ging dann los, um ein helles Leinentuch zu kaufen, in das der Körper von Jesus eingewickelt werden sollte. Dann eilte er zum Hügel Golgatha und wartete darauf, dass die Römer ihm den Leichnam übergaben.

noch 3 Tage bis Ostern

In der Nähe des Hügels gab es einen Garten, in dem einige Höhlengräber waren. Josef war ein reicher Mann und hatte sich schon zu Lebzeiten ein Höhlengrab bauen lassen. In ebendieses Grab legte Josef den toten Jesus. Anschließend rollte er einen schweren Stein davor, damit der Leichnam geschützt war.

Das alles machte er heimlich, damit dem Körper von Jesus nichts mehr geschehen würde.

Maria Magdalena und eine andere Frau, die ebenfalls Maria hieß, waren Josef jedoch gefolgt und hatten beobachtet, wo er Jesus begraben hatte. Dicke Tränen liefen ihre Gesichter herab.

„Ich möchte Jesus noch einmal sehen", sagte Maria Magdalena, „um mich von ihm zu verabschieden."

Die andere Maria nickte. „Ja, ich auch. Morgen ist der Sabbat, aber am Sonntag werden wir duftende Öle kaufen, um zum Höhlengrab zu gehen und seinen Körper damit einzureiben."

Das leere Grab

Die achte Stunde des Tages war noch nicht angebrochen, als Maria Magdalena und die andere Maria zusammen mit ihrer Freundin Johanna zum Markt gingen, um dort an den Ständen duftende Öle zu kaufen. Anschließend machten sie sich auf in den Garten, der am Fuß des Hügels Golgatha lag.

Maria Magdalena hatte das Gefühl, dass die Erde zu beben begann, als sie sich dem Garten näherten, doch ihre beiden Begleiterinnen schienen es nicht zu bemerken.

„Habt ihr …?" Ehe Maria Magdalena fertig sprechen konnte, war das Erdbeben vorüber und sie verstummte.

„Was ist denn das?", fragte da Johanna überrascht. Die junge Frau ging vor Maria Magdalena und konnte als Erste das Höhlengrab sehen. „Du sagtest doch, dass Grab wäre verschlossen!"

Maria Magdalena blickte an ihrer Freundin vorbei und sah, dass der große Stein, der vor den Eingang des Grabes gerollt worden war, nicht mehr dort lag.

Mit schnellen Schritten eilte Maria Magdalena zum Grab. Davor blieb sie kurz stehen, holte tief Luft und betrat die Höhle.

Er war weg! Jesus war weg! Einzig das Leinentuch, in das Josef ihn eingewickelt hatte, lag noch im Höhlengrab.

„Wie kann das sein?", murmelte Maria Magdalena verwirrt.

Johanna trat neben sie. „Das Grab ist leer! Das müssen wir den Jüngern erzählen."

Doch als die drei Frauen aus der Höhle heraustraten, stand dort ein Mann. Er trug ein weißes Gewand und ein Leuchten ging von ihm aus.

„Ist das ein Engel?", fragte sich Maria Magdalena und schlug dann ehrfürchtig die Augen nieder.

„Fürchtet euch nicht", sagte der Mann. „Ich habe eine frohe Botschaft für euch: Jesus von Nazareth ist auferstanden. Er lebt!"

Erschrocken blickte Maria den Mann an. Konnte es wirklich sein?

noch 2 Tage bis Ostern

„Am dritten Tag nach seiner Kreuzigung ist Jesus wieder am Leben", sagte der Mann in dem weißen Gewand. „Geht nun zu seinen Jüngern und erzählt ihnen davon, dass Jesus lebt."

Maria Magdalena nickte dem Mann zu und bemerkte dann, wie sich ein strahlendes Lächeln in ihrem Gesicht ausbreitete. Ein unglaubliches Glücksgefühl durchströmte sie. Sie raffte ihr Gewand und lief dann los in Richtung Jerusalem. Maria und Johanna konnten ihr kaum folgen, so schnell rannte Maria Magdalena über die Felder und durch die Gassen.

Schon bald kam das Haus in Sicht, in dem die Jünger sich versteckten, und Maria Magdalena rief schon von Weitem nach den Männern. „Petrus! Simon! Andreas!"

Die Haustür wurde aufgerissen und die verbleibenden elf Jünger traten ins Freie.

„Jesus lebt!", keuchte Maria Magdalena außer Atem. „Das Grab ist leer und ein Mann in einem weißen Gewand hat uns erzählt, dass Jesus auferstanden ist."

„Pah! Was erzählst du da für ein Märchen?", schimpften die Männer. Auch nachdem die andere Maria und Johanna noch einmal wiederholten, was Maria Magdalena gesagt hatte, glaubten ihnen die Männer nicht.

Aber Maria Magdalena wusste genau, was sie gesehen und gehört hatte. Und sie war sich sicher, dass bald auch die Jünger der frohen Botschaft glauben würden.

Die Emmausjünger

Der Nachmittag war gerade angebrochen, als sich zwei Männer, die zu Jesu Anhängern gehörten, auf den Weg von Jerusalem nach Emmaus machten. Emmaus war einige Stunden Fußweg von Jerusalem entfernt und die beiden wollten ihr Zuhause noch vor der Dunkelheit erreichen.

Sie kamen allerdings nur langsam voran. Sie waren so traurig über alles, was passiert war, dass ihre Füße den Boden kaum verlassen wollten. Jeder Schritt fühlte sich bleischwer an.

Kleophas, wie einer der beiden Männer hieß, seufzte und wischte sich eine Träne aus dem Augenwinkel. „Es ist so furchtbar, wie alles gekommen ist", sagte er.

Sein Sohn Joses nickte nur stumm.

„Seid gegrüßt", sagte eine Stimme hinter ihnen. „Worüber redet ihr, wenn ich fragen darf. Was ist denn Furchtbares passiert?"

Stirnrunzelnd drehte sich Kleophas zu der Stimme um und erblickte einen Mann mit einem freundlichen Gesicht, der hinter ihnen ging.

„Ich grüße dich", sagte Kleophas. „Hast du denn nicht gehört, was in Jerusalem geschehen ist?" Kleophas konnte kaum glauben, dass jemand noch nicht von den Ereignissen um Jesu Kreuzigung gehört hatte.

Der fremde Mann schüttelte den Kopf. „Könnt ihr es mir erzählen?"

Kleophas nickte und dann erzählten er und Joses ihm zusammen von Jesus von Nazareth. Wie dieser durch das Land gezogen war, um den Menschen von Gott zu erzählen. Was für ein besonderer Mensch er gewesen und was ihm in Jerusalem geschehen war.

„Drei Frauen haben berichtet, dass sein Grab leer sei und ein Mann oder Engel ihnen gesagt habe, dass Jesus wiederauferstanden sei. Aber das kann leider nicht sein", endete Kleophas seine Erzählung.

Der Fremde hatte ihnen aufmerksam zugehört, ohne sie zu unterbrechen. Jetzt strich er sich über den braunen Bart und fragte dann: „Warum könnt ihr diesem Wunder denn nicht glauben?"

„Ich wünschte, ich könnte es", sagte Kleophas.

noch 1 Tag bis Ostern

Johannes überlegte. Bestimmt wünschten sich die Männer einfach so sehr, dass Jesus wieder lebte, dass sie es nun selbst glaubten.

Aber kurz darauf näherte sich den Männern ein Fremder. „Friede sei mit euch", begrüßte er die Jünger.

Da fiel es den Männern wie Schuppen von den Augen. „Kann es wirklich sein?", fragten sie aufgeregt. „Bist du es wirklich, Herr?"

Jesus nickte lächelnd. „Bald werde ich endgültig zu meinem Vater in den Himmel gehen. Aber ich bitte euch, zieht weiter durch das Land, erzählt den Menschen von Gott und tauft sie in seinem Namen." Jesus blickte ihnen nacheinander, einem nach dem anderen in die Augen und sagte: „Ich verspreche euch, ich werde bei euch sein bis ans Ende aller Tage."

Und Johannes wusste, dass Jesus die Wahrheit gesprochen hatte und er niemals mehr alleine sein würde.

Überglücklich umarmten die Jünger Jesus und dankten Gott.

Ich werde immer bei euch sein

Leises Gemurmel durchflutete das kleine Haus am Rande von Jerusalem, in dem sich die Jünger versteckt hielten. Auch Johannes, der bei der Verhaftung Jesu im Garten Gethsemane dabei gewesen war, hielt sich hier auf. Seit den Ereignissen in jener Nacht hatte Johannes kaum geschlafen. Immer und immer wieder hatte er überlegt, was er hätte anders machen können. Aber eine Antwort hatte er nicht gefunden.

Vor einigen Stunden waren Maria Magdalena und ihre Freundinnen aufgetaucht und hatten Unfassbares von Jesu Auferstehung erzählt. Johannes war zusammen mit den anderen Jüngern zum Grab gegangen, das sie offen vorgefunden hatten. Aber das bedeutete nicht, dass die Frauen die Wahrheit gesagt hatten. Jeder starke Mann hätte es zusammen mit ein paar Freunden schaffen können, den schweren Stein am Höhleneingang zu verschieben. Und so gerne Johannes den Frauen glauben wollte – er konnte es nicht.

Das Abendessen war still verlaufen. Jeder einzelne der Männer war tief in Gedanken versunken gewesen, und Johannes hatte sich gleich darauf auf seiner Matte zusammengerollt und war endlich eingeschlafen.

Lautes Wummern weckte Johannes wenige Stunden später aus dem Tiefschlaf. Mit schweren Augenlidern rappelte er sich auf und ging zur Tür, die bereits von Petrus geöffnet worden war. Davor warteten Kleophas und sein Sohn Joses, zwei gläubige Männer aus Emmaus, die sie auf ihren Reisen immer wieder begleitet hatten.

„Jesus lebt", riefen sie zur Begrüßung und Johannes erstarrte. Bereits zum zweiten Mal hatte das heute jemand verkündigt.

Petrus jedoch schüttelte den Kopf. „Es ist nicht wahr. Jesus lebt nicht."

„Wir haben ihn mit eigenen Augen gesehen", berichtete Joses und sein Vater ergänzte: „Er ist zusammen mit uns von Jerusalem nach Emmaus gewandert. Und als er das Brot brach, haben wir ihn erkannt."

heute ist Ostern

Johannes überlegte. Bestimmt wünschten sich die Männer einfach so sehr, dass Jesus wieder lebte, dass sie es nun selbst glaubten.

Aber kurz darauf näherte sich den Männern ein Fremder. „Friede sei mit euch", begrüßte er die Jünger.

Da fiel es den Männern wie Schuppen von den Augen. „Kann es wirklich sein?", fragten sie aufgeregt. „Bist du es wirklich, Herr?"

Jesus nickte lächelnd. „Bald werde ich endgültig zu meinem Vater in den Himmel gehen. Aber ich bitte euch, zieht weiter durch das Land, erzählt den Menschen von Gott und tauft sie in seinem Namen." Jesus blickte ihnen nacheinander, einem nach dem anderen in die Augen und sagte: „Ich verspreche euch, ich werde bei euch sein bis ans Ende aller Tage."

Und Johannes wusste, dass Jesus die Wahrheit gesprochen hatte und er niemals mehr alleine sein würde.

Überglücklich umarmten die Jünger Jesus und dankten Gott.